HOTEL DU GOUVERNEMENT.

L'AVENIR DU SÉNÉGAL

I

La capture de Samory et les défaites écrasantes autant que décisives infligées à son fils N'Tiéni Mory, à son lieutenant Bilali, mort dans la bataille de Cavally, viennent de modifier dans des conditions extrêmement avantageuses notre situation au Sénégal. La pacification du Soudan français, qui sera la conséquence prochaine de la mise hors de combat du plus dangereux de nos ennemis, aura une répercussion considérable sur l'avenir de nos possessions coloniales situées dans les limites comprises entre Bakel et l'Atlantique, le désert et la Guinée portugaise. On sait que la population sénégalaise, qu'on peut évaluer à 1,100,000 âmes environ, n'offre aucune homogénéité au point de vue ethnique. La plupart des peuplades indigènes de l'Afrique occidentale y ont, en nombre plus ou moins considérable, leurs représentants. Or, la race pure des Peulhs, la race mélangée des Toucouleurs, répandues l'une et l'autre dans le Toro, le Fouta, le Damga ; les Ouolofs (Wolofs), qui forment un contingent encore plus grand dans le bas Sénégal, les Sévères, établis plus au Sud, où ils sont de 160 à 180,000, les Dhiolas, Balantes, Bagnouns, qui forment un chiffre de même importance dans le bassin de la Casamance, les Mandingues et les Sarrakholais de la vallée du Niger, tous ces noirs et jusqu'aux Maures du Sénégal septentrional, métis issus du croisement des Arabes avec les nègres, avaient l'espoir secret de se soustraire un jour à notre administration, à notre protectorat immédiat ou politique. Ils croyaient en l'étoile de ce sultan du Ouassoulou, dont l'audace avait défié jusqu'ici nos meilleurs stratégistes Frey, Gallieni, Archinard, Humbert, leur échappant sans cesse, pillant, au mépris des traités, la contrée, massacrant les habitants, et réduisant en esclavage ceux qui n'avaient pas été exterminés par les *sofas* (guerriers). A plusieurs reprises des complots se tramèrent, en vue de faire éclater une rébellion au Sénégal, les fauteurs de ces insurrections, d'ailleurs promptement étouffées, n'étaient autres que les agents de Samory. Désormais, le prestige du « sultan invincible », ainsi qu'on l'avait surnommé dans tout l'ouest de l'Afrique, n'existe plus, ses espérances sont déçues à jamais et la soumission complète de toute la région est assurée. Ce sera, dans ces conditions, l'avènement, à date très brève, d'une nouvelle ère dont nous recueillerons bientôt les bénéfices. Tous les efforts poursuivis en ces dernières années par les gouverneurs qui ont succédé tour à tour à Faidherbe trouveront ainsi leurs fruits dans les grandes améliorations que l'on va pouvoir réaliser.

Ajoutons que les conventions intervenues depuis 1885 entre la France et les autres puissances européennes qui ont aussi des territoires dans l'Afrique occidentale, rendent non seulement les litiges de délimitations difficiles, mais dessinent aussi exactement que possible les sphères d'influence appartenant maintenant à la France, à l'Angleterre, à l'Allemagne, et peut-être d'une manière plus douteuse au Portugal.

Si le Soudan français a été érigé, par le décret du 27-31 août 1892 en gouvernement distinct, c'était surtout parce qu'il importait de confier sa défense et sa sécurité à une vigilance toute particulière, nécessitée précisément par les razzias et les guerres sans relâche qu'entretenait Samory, toujours occupé à enlever les indigènes de nos possessions et à exciter contre nous les almamys du Fouta-Djallon. Mais cette organisation du Soudan n'était, dans la pensée de notre haute administration coloniale, que provisoire. Elle correspondait, suivant les termes mêmes des instructions données à M. Archinard, nommé gouverneur du Soudan en 1892, à une phase dans le développement normal de ce pays et non à un état définitif. C'était une exigence de l'heure alors présente, mais « il importait », disait le sous-secrétaire d'État aux colonies, M. Jamais, « de n'y voir qu'une étape vers l'unité complète de ces deux colonies appelées à se soutenir l'une l'autre. » « Par la multiplicité des intérêts qui s'y rencontrent, par l'ancienneté des liens qui l'unissent à la France, ajoutait le document officiel, le Sénégal représente une force qu'il serait imprudent d'amoindrir aux yeux des indigènes soumis à notre influence sur la côte occidentale de l'Afrique. » Cette phrase n'avait évidemment d'autre portée que de faire pressentir la création d'un gouvernement général de la Sénégambie française, dès que le Soudan aurait été délivré du fléau qui le ravageait, ou, en d'autres termes, dès que Samory serait tombé entre nos mains, mort ou vivant.

ARRIVÉE A DAKAR.

On peut donc aujourd'hui songer à mettre à exécution ce programme implicitement énoncé par le sous-secrétaire d'État aux colonies, il y a six ans. Lorsque le fait de cette fusion des deux colonies en une seule sera accompli, Saint-Louis, Dakar, Gorée, Rufisque, les quatre principales agglomérations sénégalaises, prendront immédiatement de l'essor commercial, et Kayes, Médine, Bafoulabé, Bakel, Kita, les villes soudanaises de développement plus récent, acquerront de leur côté une plus grande prospérité.

II

Certes, il y a beaucoup à faire pour atteindre ce but. Lorsque M. de Lamothe, alors gouverneur du Sénégal, visita, au cours de 1892, le Foundioumet, entres autres localités, Siné, Saloum, il put se convaincre de ce qui, dans toute la colonie, restait encore à effectuer, afin d'ouvrir des débouchés aux ressources et aux productions du pays, en même temps qu'on y introduirait des institutions plus favorables à cette mise en valeur. Son voyage dans la Casamance, qui fit partie de son itinéraire d'inspection, confirma la nécessité de remédier à ces nombreuses lacunes, et ce fut dans ce dessein qu'il prit, en décembre 1892, un arrêté désannexant tout le deuxième arrondissement (Dakar) à l'exception d'un petit nombre de communes.

Cette mesure, qui était sans doute très sage, parce qu'elle secondait l'initiative des indigènes, fut, à la vérité, très critiquée par ceux qui ne croient qu'aux vertus de la centralisation administrative et qui estiment que décentraliser équivaut à démembrer. On se rappelle le conflit auquel donna lieu avec les bureaux du ministère des colonies cette manière de voir de M. de Lamothe, si différente de la routine ordinaire, conflit qui détermina le voyage du ministre lui-même au Sénégal et qui eut pour dénouement le transfert du trop indépendant gouverneur au Congo.

Il est à craindre que si l'on se décide, après l'avis de la bureaucratie toute puissante, à ne faire qu'un du Sénégal et du Soudan français, les mêmes impérities qui ont triomphé de l'esprit nouveau de M. de Lamothe ne s'arrogent le droit de tout régenter, selon les vieux errements, dans la Sénégambie. Et pourtant l'œuvre admirable de Faidherbe serait restée stérile si elle ne s'était appuyée sur une volonté devant laquelle les bureaux durent s'incliner. Non que les résistances lui aient fait défaut jusque dans les moindres détails de son administration, telle qu'il l'organisa, mais parce que durant les onze à douze ans de sa tâche, il ne céda sur aucun point. Rien n'échappa, on le sait, à sa sollicitude sans trêve. Il donna un port à Dakar, des écoles et des casernes à Saint-Louis, qu'il embellit et assainit en y créant des promenades, une rue de pourtour obligeant les habitants à la propreté, en y commençant les travaux du puits artésien, utilisant le marigot de Lampsar, et apportant ainsi à la population le bienfait de l'eau douce, qui remplace celle du fleuve, toujours saumâtre. Il prévint les incendies par la défense d'établir des paillotes au centre de la ville. Il fit des prodiges et, malgré tant d'activité certainement géniale, malgré tant de services rendus à la colonie dont il fut après André Brue le second fondateur, les bureaux parvinrent à prévaloir contre lui. Lorsqu'il quitta le Sénégal, en 1865, il y eut, après son départ, onze ans de stérilité administrative, comme pendant son séjour il y avait eu une période égale de brillante fertilité sous tous les aspects (1).

Depuis 1876 on a repris, au lieu de l'inertie, la marche en avant dans les routes tracées par Faidherbe, et de grandes choses ont été exécutées au Sénégal. La division de la colonie en cercles administrés par un officier ou un commandant civil a facilité le rôle des autorités coloniales. L'organisation de l'enseignement primaire en 1881, de l'enseignement secondaire en 1882, le développement du réseau télégraphique dès 1877, l'établissement du service sanitaire en 1884, la fondation de la Banque du Sénégal, dont le capital a été porté à 600,000 francs en 1888, l'ouverture de la ligne ferrée reliant Saint-Louis à Dakar, la pose du câble sous-marin qui, partant de Dakar, touche à Saint-Louis et atterrit à Ténériffe, d'où il est continué par le câble espagnol de Ténériffe à Cadix et par la ligne télégraphique de terre transmettant les dépêches de Cadix à la frontière française, la concurrence entre les compagnies maritimes par la voie française, anglaise ou allemande, les avantages assurés par les tarifs douaniers à l'exportation des produits de la colonie, toutes ces innovations faites méthodiquement, poursuivies avec suite et avec intelligence, ont démontré la vitalité du pays et ce qu'un gouvernement sage et persévérant peut en attendre. Des chiffres précis en fournissent les preuves. Saint-Louis n'avait que 16,000 habitants en 1878, sa population en 1892 s'était accrue du quart. Dakar, qui ne comptait que 1,556 âmes en 1878 pouvait, dans ce même laps de treize années, en faire recenser 8,737. Le même progrès s'est affirmé à Rufisque (1,293 habitants en 1898 et 8,091 en 1892). Le chemin de fer entre pour une très grande partie dans cet accroissement de la prospérité du Sénégal, car les communications, en facilitant les transactions, les ont considérablement multipliées.

Comprendra-t-on que l'avenir du Sénégal dépend tout entier de la continuation de tous ces ensemencements de diverses natures? L'oublier ou le méconnaître systématiquement serait une des fautes les plus impardonnables.

III

Lorsque aux 320,000 kilomètres carrés qui représentent la superficie du bassin du Sénégal auront été ajoutés les 33 millions d'hectares du Soudan français et les 12 millions d'hectares des États de Tiéba et de ceux de Samory, et surtout, lorsque Saint-Louis et Kayes seront reliés par la jonction de la ligne de Dakar à Saint-Louis à celle de Kayes-Bafoulabé-Bamako, s'amorçant sur les routes de Kita, de Siguiri, de Koulikoro, les produits du sol qui doivent encore, en beaucoup de cas, se transporter à dos d'âne ou de mulet, ou par attelage de bœufs, ou encore et le plus souvent à bras d'hommes, arriveront plus rapidement et en plus grande abondance sur les grands marchés : les arachides, les autres graines oléagineuses, la gomme, le caoutchouc, la noix de

(1) Voir *Bibliothèque illustrée des Voyages*, nº 28. Général H. Frey : *La Sénégambie*, préface de Charles Simond.

kola, qui sont au Sénégal et généralement aussi au Soudan les objets de commerce les plus importants, donneront évidemment lieu à des affaires plus suivies, et des richesses encore inexploitées attireront des colons nouveaux. On ira au Bambouk, au Boudou et au Buiré extraire l'or qui y existe en grande quantité et qui est demeuré inaccessible, faute de moyen de transport du matériel d'extraction. On utilisera sur place ou pour les envoyer en Europe les précieuses essences de bois, telles que le sapotillier qui fournit la gutta-percha, le karite qui, par incision, donne également du caoutchouc, le palmier oléifère, le bananier, le ricin, et ce citronnier sans égal qui fournit un coton d'une finesse supérieure à celle des plus beaux longue-soie. D'autre part, les marchandises d'Europe, armes, poudre, plomb, cotonnades, sucre, etc., vendues maintenant quatre fois ce qu'elles valent au pays d'origine baisseront forcément de prix par l'augmentation de l'offre, et une révolution économique transformera la Sénégambie.

Mais pour que cet avenir ne soit pas un simple mirage, il est urgent de se souvenir des leçons de Faidherbe et de les mettre en pratique.

Charles SIMOND.

KAYES. — LA RÉCEPTION.

DE DAKAR A SAINT-LOUIS

I

28 juin. — Il y a bientôt dix jours que le *Congo* m'a déposé à Dakar. J'ai à peine eu le temps d'entrevoir le futur grand port de la côte occidentale d'Afrique; j'ai passé toute ma journée en chemin de fer, de Dakar à Saint-Louis, dans des wagons transformés en étuves par un soleil de feu.

Haletant sous les bouffées embrasées qui montent du sol surchauffé et debout sur la passerelle qui tourne autour des wagons, j'ai vu défiler comme dans un rêve d'immenses plaines arides et brûlées couvertes d'une herbe rare et jaunie, des bois sans ombre et sans eau, des arbres aux troncs calcinés et noircis par le soleil; des villages aux toits pointus, grouillants de nègres, négresses et négrillons; des blockhaus tout blancs au-dessus desquels un grand vent d'est soufflant du feu faisait battre les plis du pavillon français.

Dans les wagons, qu'un étroit couloir divise en deux dans leur longueur et fait communiquer ensemble d'un bout du train à l'autre, je vois des visages de toutes sortes, noirs pour la plupart, somnolents et abêtis par la chaleur : ici la figure hâlée et ruisselante de sueur d'un Européen; là, le visage jaune citron d'un mulâtre ou la face rebondie d'une grosse négresse aux joues luisantes couleur d'ébène et aux vêtements multicolores.

C'est un amoncellement de paquets dans tous les coins, et, pardessus tout, flotte une odeur chaude, fade et écœurante, faite d'huile rance, de victuailles, de parfums trop forts et de sueur aigre.

Huit heures du soir; la nuit est presque venue quand nous arrivons à Saint-Louis. On nous attend à la gare : quelques amis

DAKAR.

retrouvés, des mains qui se tendent pour une joyeuse bienvenue, d'autant plus joyeuse que l'heure de notre arrivée sonne pour d'autres l'heure attendue et si désirée du départ.

Quelques centaines de mètres sur une route poudreuse que bordent de maigres arbres et où tremblote la lumière falote d'une demi-douzaine de réverbères à pétrole; puis un grand, interminable pont de bateaux dont le plancher de bois inégal sonne sous nos pas, et qui oscille au courant en tendant ses chaînes avec un bruit de ferraille, et au-dessous le Sénégal, dont les eaux clapotent contre le pont, en miroitant sous la clarté des étoiles. Plus loin, la silhouette vague et noire de quelques navires mouillés dans le fleuve, et en face un amas confus de maisons.

Voilà notre arrivée à Saint-Louis du Sénégal.

Je m'installe à la hâte dans ma chambre de l'aviso *la C...;* qui va me porter pendant près de deux ans : je fais le lendemain une rapide connaissance avec Saint-Louis, et vingt-quatre heures après nous levons l'ancre.

Nous remontons le fleuve le plus haut possible, au devant de la colonne qui descend du Soudan, et pendant que j'écris ces lignes, par mes larges sabords ouverts, je vois la rive défiler à une centaine de mètres, au bruit monotone des roues qui battent bruyamment les eaux un peu jaunâtres du Sénégal.

Dans la journée qui a précédé notre départ, j'ai parcouru Saint-Louis et ses rues droites et larges se coupant uniformément à

DAKAR.
Place et palais du Gouvernement.

angle droit, et dans la plupart desquelles on enfonce jusqu'à la cheville dans un sable poussiéreux.

Toute blanche sous la lumière crue d'un soleil ardent, sans ombre que celle portée par ses maisons, sans aucune construction riche, élégante ou simplement originale, à part, peut-être, l'hôtel du gouverneur, elle offre, au contraire, surtout quand on s'éloigne un peu du centre, un aspect délabré et même en ruine; avec leur faux air mauresque, les maisons y étalent lamentablement leurs lézardes et leur décrépitude, et de tout Saint-Louis monte un parfum d'ennui et de morne tristesse qu'une certaine animation des rues ne parvient pas à dissiper, laissant la sensation, exacte d'ailleurs, d'une ville autrefois prospère, aujourd'hui déchue.

Elle est construite dans une île de sable au milieu du Sénégal; un grand pont de bateaux, long de près de sept cents mètres, passe par-dessus le grand bras du fleuve, à l'est de la ville : c'est le pont de Sorr. Sur la rive gauche se trouvent le village nègre de ce nom, la gare du chemin de fer Saint-Louis-Dakar et le cimetière européen.

Un pont de bois fixe jeté sur le petit bras, à l'ouest de la ville, la relie à l'étroite et longue bande de sable qui forme la côte et où sont les deux immenses villages nègres de Guett'N'Dar et de N'Dar'toutt, sur le bord de la mer.

Le Sénégal, à la hauteur de Saint-Louis et au-dessous, offre, cette particularité assez rare de courir pendant plusieurs milles du nord au sud parallèlement à la mer, dont il ne se trouve séparé que par une bande sablonneuse et basse, assez étroite en certains points pour qu'aux époques d'inondation du fleuve ou de grande tempête les eaux du Sénégal se mêlent à celles de la mer.

En aval et en amont du port de Sorr sont les quais de Saint-Louis, où accostent les grands bateaux qui ont pu franchir la barre; à certaines époques de l'année il s'y fait un mouvement important de chargement et de déchargement de marchandises.

A mon arrivée, quelques bricks ou trois-mâts et deux grands steamers y étaient à quai, et, dans le milieu du fleuve, trois avisos de l'État.

C'est la fin de la saison sèche, à laquelle va succéder la saison des pluies, des tornades, de la chaleur lourde, humide et malsaine.

Nous n'avons encore que la chaleur; mais à mesure que nous avançons dans le fleuve, elle croît sensiblement, et je passe la moitié de mon temps à m'éponger du matin au soir et trop souvent du soir au matin.

*
* *

Nous sommes au terme de notre course, au delà de Podor, devant un barrage que le peu de profondeur des eaux ne nous permet pas de franchir.

Le fleuve commence à peine à grossir.

Nous mouillons et nous attendons la colonne remorquée en chalands de Kayes jusqu'à nous.

Depuis Saint-Louis, le paysage a peu varié : des rives plates et basses bordées d'un peu de broussailles et de bois qui paraissent grillés par la chaleur, et au delà de cette étroite bande de végétation entretenue par l'humidité du fleuve, s'étend à perte de vue, avec des ondulations à peine sensibles, une immense plaine au sol crevassé, montrant çà et là de grandes taches d'herbes jaunies et desséchées.

Tous les jours nous avons eu sous les yeux le même horizon, d'immenses plaines et d'immenses déserts qui nous indiquent que nous sommes sur les limites du Sahara; une impression de désolation indicible se dégage de ces grands espaces, qui barrent l'horizon d'une ligne droite implacable et nue, et, sous l'ardente chaleur du soleil, il monte, du sol en feu, ces vapeurs bizarres d'air surchauffé, qui tremblotent et miroitent en s'élevant comme un rideau transparent de gaze impalpable.

La matin, de larges brouillards courent au ras du sol, et d'étranges effets de mirage font voir des lacs fantastiques aux rivages ombreux, paysages fantômes qu'un rayon de soleil dissipe en quelques secondes.

La rive droite, la rive du Sahara, est la rive des Maures; de temps en temps nous longeons un campement dont tous les habitants, hommes, femmes et enfants, viennent bruyamment se ranger sur la berge à notre approche; tous sordides, les enfants nus, les hommes et les femmes drapés dans de grands vêtements jadis bleus, horriblement crasseux; les femmes voilées jusqu'aux yeux.

Et, quand nous passons, les enfants nous suivent un instant en courant sur la rive, nous criant des injures avec des gestes obscènes.

De ce côté, à certains point d'escale fixés à l'avance par le gouverneur, arrivent les caravanes du Soudan. On voit venir, dans un flot de poussière, une longue file de chameaux chargés de sacs, de bœufs à bosse sur lesquels un ou deux Maures sont à califourchon, guidant cette monture d'un nouveau genre par une corde fixée à un anneau qui perce le nez; et d'immenses troupeaux de moutons et de chèvres suivent avec des ânes et des chevaux.

Tout cela, bêtes et gens, commence par se précipiter dans le fleuve en un tohu-bohu indescriptible, avec un tapage infernal : les ânes partent au galop au milieu des ruades; les hommes crient d'une voix rauque; les chameaux allongent leurs grandes jambes, tendent leur tête bête avec des hurlements lugubres; les moutons se débandent, les cavaliers galopent de tous côtés pour rétablir l'ordre, et un tel flot de poussière et de sable monte qu'on ne voit plus que des gens et des bêtes s'agiter confusément dans un brouillard.

Puis des tentes se dressent, on s'installe pour un mois ou deux.

En face, c'est la rive noire avec sa population sédentaire, ses grands villages nègres aux cases de paille ou de torchis, à toits pointus, en pains de sucre plus ou moins droits et plus ou moins défoncés, aux ruelles étroites bordées de murs en terre rouge battue divisant pour chaque famille une sorte de carré avec une case à chaque angle et une case au milieu : la case du milieu au chef de la famille, celles qui l'entourent aux femmes, aux esclaves ou au bétail.

Au moment de la traite, c'est un va-et-vient continuel d'un bord à l'autre : des embarcations ou des pirogues transportent les marchandises et les gens. Les échanges commencent : gomme des caravanes contre la guinée (cotonnade bleue) des traitants. L'argent a peu ou pas cours; tant de sacs de gomme valent tant de guinées.

SÉNÉGAL. — VUE DU PONT DE SORR.

Pendant la durée du marché, les traitants hébergent les Maures; et l'on voit aux portes de ceux-là des groupes affamés de gens au visage maigre, aux yeux creux et aux dents longues qui engouffrent d'énormes plats de couscouss au riz ou au gros mil. Durant des semaines, ils n'ont vécu que du lait aigre de leurs bêtes: aussi ressemblent-ils assez à une bande de chiens avides autour d'une écuelle que chacun voudrait pour lui seul.

Quelquefois les choses se passent moins pacifiquement; des querelles s'élèvent de rive à rive, dans lesquelles, à l'occasion, le marchand maure dévoile l'intraitable pillard qu'il est toujours : par une nuit propice, le troupeau du village noir a passé la rivière et est allé grossir celui du campement; alors les fusils partent tout seuls, et on se livre de véritables batailles.

Voilà ce que je vois depuis huit jours de chaque côté du Sénégal.

Dans le fleuve même, le spectacle est aussi curieux, sinon plus.

Ce que ses profondeurs abritent de caïmans est inouï. Il y en a partout; nous les voyons sur la berge, étalés au soleil et se chauffant béatement; toutes les tailles sont représentées, depuis les plus jeunes qui ont cinquante centimètres jusqu'aux plus grands qui mesurent trois ou quatre mètres. Ils sont là, endormis, laissant tomber leur mâchoire inférieure à la double rangée de dents et ouvrant leur énorme gueule rouge. Sur certains points où le sable

FEMMES SÉNÉGALAISES.

de la rive forme une petite plage, on en voit parfois vingt ou trente immobiles, couchés les uns sur les autres, ou se mouvant lentement comme engourdis par la chaleur. D'autres fois ils se laissent aller inertes à la surface de l'eau, dérivant lentement au courant, ne montrant que leur dos d'un gris verdâtre et rugueux qui semble de loin un tronc d'arbre flottant.

A peine se dérangent-ils quand l'aviso passe à trente mètres d'eux, à moins qu'un coup de feu ou une balle ne vienne troubler leur quiétude et les décider à plonger, après un bond prodigieux, battant le sol de leur formidable queue.

Les noirs sont très friands de la chair du crocodile; j'en fis passer une fois sur notre table, mais très rapidement : son odeur et son goût fortement musqués la rendent immangeable, même pour des palais peu délicats.

Il y a quelques jours, de la passerelle du bord, j'en avais tué un fort gros, et, en son honneur, le bateau avait stoppé pour permettre à deux laptots de mettre le youyou à l'eau et d'aller le chercher.

Sous la balle, l'animal n'avait fait d'autre mouvement que d'ouvrir et refermer sa gueule à plusieurs reprises; puis, tué net ou paraissant l'être, il restait immobile; seulement, comme la berge était fort inclinée, il glissait lentement à l'eau sous son propre poids.

Nos noirs arrivèrent à lui au moment où il allait disparaître, le lièrent avec une corde et le hissèrent dans le youyou, qu'il remplissait presque entièrement.

Mais voilà que, comme ils revenaient à bord, le crocodile sent se réveiller un souffle de vie, il ouvre démesurément la gueule et promène avec agitation sa queue d'un bordage à l'autre.

Il est facile de comprendre l'émotion bien légitime qui s'empara de nos deux matelots; bondissant de-ci et de-là sur les bancs de l'embarcation, ils tâchaient, dans cet étroit espace, de se mettre à l'abri des coups de queue et de dents, tout en s'escrimant à coups d'aviron sur la tête de l'ennemi.

Celui-ci avait perdu trop de sang pour opposer une résistance bien opiniâtre: il fit de nouveau le mort, se laissa ficeler solide-solidement et monter sur le pont. Là, il tenta une héroïque et dernière résistance, et, le ventre ouvert, la peau à moitié enlevée, l'horrible bête balayait encore de sa queue, à coups formidables, le plancher du pont.

Sa carapace desséchée reposa longtemps comme un trophée sur la toiture qui recouvrait l'arrière du bateau, jusqu'à ce que, dans une tornade, un coup de vent l'eût jetée à l'eau.

Les caïmans ne sont pas les seuls hôtes du fleuve: nous voyons assez souvent émerger quelque tête d'hippopotame qui, après avoir reniflé bruyamment plonge aussitôt. Nos balles ont eu jusqu'ici peu de succès sur eux, et ils ne daignent pas nous montrer plus que le bout de leur nez. En revanche, la nuit, nous les entendons hennir tout près du bord, se livrer à de lourdes galopades sur la berge et se lancer à l'eau qui part en éclaboussures.

Sur les rives, la gent animale jette aussi une note vivante dans un paysage désolé et nu : ce sont des tourterelles par centaines, des aigrettes, des oiseaux verts, des oiseaux bleus, des oiseaux rouges aux plus brillantes couleurs, des bandes de cinquante ou soixante pintades que notre passage trouble et chasse précipitamment dans les fourrés; des perdrix rouges, de tous côtés; des fuites échevelées de lièvres effarés; puis des aigles à col blanc qui nous regardent en penchant la tête de côté, perchés sur les hautes branches des arbres; et des compagnies de singes nous montrant leurs museaux grimaçants, aussitôt disparus qu'entrevus, ou, plus audacieux, nous suivant curieusement le long de la berge pendant plus d'un kilomètre, courant sur la terre nue ou sautant de branche en branche dans des bonds prodigieux avec des cris et des piaulements presque humains.

Et la nuit, quand le clair de lune découpait nettement sur le ciel la silhouette des arbres, nous voyions de temps en temps des singes, immobiles comme des sentinelles postées au sommet des arbres, lançant dans le silence un cri guttural, comme un cri d'appel.

***

Il fait une chaleur écrasante de 36, 40, 45° le jour; jamais au-dessous de 30 à 32° la nuit.

Aujourd'hui, la température a été encore plus accablante que d'habitude; à deux heures, 49°; c'est une atmosphère de feu; par moments, de telles bouffées de chaleur vous soufflent au visage qu'il vous semble que l'on vous ouvre en pleine figure la gueule d'un four embrasé. J'ai multiplié les douches, sous lesquelles on jouit d'une volupté que ceux-là seuls comprendront qui ont subi des températures de ce genre; j'ai absorbé trois ou quatre carafes frappées, car heureusement notre petite machine à glace fonctionne à peu près.

Vers quatre heures, le thermomètre est descendu à 43°, et nous avons mouillé pour passer la nuit un peu en avant de Podor : l'équipage est fatigué; peu de blancs que la fièvre ait épargnés, surtout dans le personnel de la machine.

Nous avons un grand campement maure sur la rive droite; la berge tombe en pente douce dans le fleuve en formant une petite plage, et, sur le bord, quelque Maure accroupi se livre tranquillement à une toilette intime d'un ordre particulier, tandis que c'est un-va-et vient continuel de bêtes et de gens du campement à la rivière.

A cinq heures, dans l'Est, à l'horizon de l'immense plaine dénudée qui s'étend à perte de vue, le ciel a pris tout à coup une teinte cuivrée et sombre, éclairée à son centre par une sorte de lueur blafarde et jaune, et, à vue d'œil, la tache grandit et envahit peu à peu toute cette partie de l'horizon. En même temps, il semble s'élever et courir dans la plaine comme un épais nuage de poussière.

C'est la tornade si désirée, qui va donner deux heures de pluie et de fraîcheur.

Brusquement, avec une rapidité foudroyante, la rafale arrive, soulevant, tordant, déchirant et poussant devant elle des nuées et des tourbillons de sable et de poussière.

Maintenant, la moitié du ciel est envahie par d'énormes nuages qui s'avancent sur nous, se heurtant, se dépassant, s'amoncelant

ALLÉE DES COCOTIERS.

les uns sur les autres dans une course folle et dans un chaos indescriptible, tandis que, sans interruption, des éclairs les sillonnent d'un bout à l'autre, et que le tonnerre, d'abord sourd et lointain, commence à rouler sans discontinuer, entremêlé de craquements effroyables.

Dans le campement maure, il y a une débandade générale : les tentes sont bousculées par la rafale, et les bêtes, affolées et aveuglées, courent de toutes parts au milieu des cris et des gesticulations des Maures, dont le vent hérisse les longs cheveux et dont la pluie colle les vêtements au corps.

La tornade est sur nous : la pluie tombe à torrents, les éclairs, jaillissant de tous côtés, nous aveuglent; le fracas du tonnerre

SAINT-LOUIS DU SÉNÉGAL.

nous étourdit; les eaux du fleuve se soulèvent en véritables vagues; l'aviso, fortement secoué, tire sur ses chaînes, et est presque jeté à la berge.

En dix minutes, le thermomètre vient de baisser de 15°, et la sensation de froid est si imprévue et si brusque que, bien qu'il y ait encore 25°, nous nous couvrons de nos manteaux, plutôt contre le froid que contre la pluie.

Le spectacle est magnifique et effrayant; puis, avec la même rapidité qu'elle est venue, la tornade passe, la pluie diminue, le vent faiblit; un coin bleu apparaît dans le ciel et s'étend rapidement; le bruit du tonnerre roule plus lointain et plus sourd; derrière nous, l'ouragan continue sa marche, et, deux heures après s'être voilé, le soleil reparaît, la chaleur est presque aussi forte et plus humide, et il ne reste comme témoins de la tornade que les eaux encore agitées et jaunies du fleuve, que les ruisseaux qui dévalent du sol raviné par l'avalanche de pluie et que cette odeur nauséabonde et âcre qui monte de la terre chauffée, mouillée tout à coup par une pluie d'orage.

22 août. — Nous avons repris notre mouillage en face Saint-Louis, tout près du pont de Sorr. Le bruit du piétinement des bêtes et des passants sur son plancher de bois vient jusqu'ici et, entre deux pages du livre que je lis, attire malgré moi mon attention

Il y a sur ce pont un mouvement et un va-et-vient incessants : c'est un âne lourdement chargé secouant mélancoliquement ses longues oreilles et que suit un grand pouilleux de nègre armé d'une lance; puis une demi-douzaine de blanchisseuses noires avec leurs grandes calebasses pleines de linge sur la tête, et dont le bruyant bavardage et les éclats de rire viennent à moi avec un son de crécelle; une bande de trente chameaux attachés les uns à la queue des autres, qui avancent avec hésitation sur ce terrain branlant et qu'aiguillonnent à grands cris quelques Maures à demi nus. Puis, voilà deux dames en noir, avec des ombrelles claires, et leur silhouette, vue d'ici, se dessine assez élégante, et des nègres et encore des nègres en boubous blancs, noirs, bleus, rouges, traînant et faisant claquer leurs sandales; un Maure à cheval sur un bœuf; une bande de moutons qui ne veut pas avancer de peur des chameaux, tandis que les chameaux reculent en hurlant, troublés par les moutons qui se sont ramassés en groupe et barrent tout le pont, la tête basse, avec une obstination bête; un spahi qui passe au grand trot de son cheval, avec un bruit de tonnerre sur les planches, etc., etc., et, comme cela, indéfiniment, toute la journée.

II

29 août. — Quelle ville insipide et morne que Saint-Louis, suant l'ennui par toutes ses rues surchauffées de soleil !

On s'y sent envahi par une torpeur et une paresse invincibles, faites de la fatigue d'un climat débilitant et anémiant et de l'absence de toute espèce de distraction intellectuelle ou autre.

Quand, vers quatre heures et demie, cinq heures, le soleil commence à baisser, par hygiène, plutôt que dans tout autre but, nous descendons à terre pour promener, à cinq ou six, notre lassitude.

La mauvaise saison, la saison des fièvres, est venue, et celles-ci commencent, de temps en temps, à faire des vides momentanés dans notre groupe de promeneurs quotidiens.

Que d'existences encore pleines d'avenir il a fauchées, ce meurtrier climat du Sénégal! Je ne sais pas de lecture plus poignante et plus lugubre que celle de tous ces noms gravés sur les tombes du cimetière de Saint-Louis. Tous tombés au milieu de la vie, de vingt-cinq à trente-cinq ou quarante ans, emportés par les accès pernicieux, la dysenterie ou la fièvre jaune; et nombreux sont les noms de toutes jeunes femmes qui, ayant suivi leur mari, sont venues mourir ici, enlevées par la maladie et la nostalgie du beau pays de France!

Au voyageur qui arrive de Dakar, la première chose qui s'offre au regard est une colonne de granit qu'ombrage un petit bois de jeunes palmiers : elle est élevée à la mémoire des vingt-deux médecins et pharmaciens de la marine morts en 1878 pendant une épidémie de fièvre jaune.

La première impression n'est pas très gaie, mais on est prévenu.

Notre promenade du soir est toujours la même : le pont de Sorr, la place du Gouvernement, l'allée de Guett' N' Dar et N' Dar' toutt, plantée de palmiers et de cocotiers, et le bord de la mer.

Là, nous avons passé bien des heures à voir la longue houle du large venir se briser en écumant sur les récifs à fleur d'eau ou se gonfler en hautes volutes frangées de blanc, qui s'allongent sur la plage jusqu'à nos pieds, tandis qu'à l'horizon le déferlent et soleil enfonce rapidement son disque rouge dans la mer.

Alors le ciel, d'abord empourpré comme dans un flamboiement d'incendie, s'éteint peu à peu; le détail des choses se noie, ne dessinant plus que leurs fines silhouettes, et l'immense village rangé sur le bord de la mer ne montre plus qu'une longue ligne sombre profilant bizarrement sur le ciel ses centaines de toits ronds et pointus.

C'est l'heure où les pirogues rentrent de la pêche; elles s'arrêtent d'abord à quelques centaines de mètres de la plage; les trois ou quatre noirs qui les montent, debout et nus, la pagaie à la main, attendent une occasion favorable pour franchir la ligne de récifs sur le dos d'une vague énorme.

Quand le flot arrive, à demi courbés, de toute la force de leur bras musculeux et avec de grands cris sauvages, ils lancent la pirogue à toute vitesse; elle suit la vague, et, sur son dos, au milieu de l'écume et du bouillonnement, elle passe la barre, et, lancée comme une flèche, vient piquer dans le sable de la plage.

Au départ, l'opération de la mise à l'eau est plus difficile et plus dangereuse : il faut, au contraire, choisir un moment de calme relatif; malgré tout, la pirogue danse comme une coquille de noix sur la crête des vagues ou disparaît tout entière; c'est un miracle que les hommes qui la montent puissent se tenir debout; dix fois elle chavire, dix fois elle est relevée, et finalement elle passe toujours.

Sur le sable que baigne le flux et le reflux de la mer, des milliers et des milliers de crabes s'agitent et courent en tous sens avec un bruissement étrange, fuyant devant nous en masses serrées, qui vont ensuite s'éparpillant de tous côtés.

Ils font, dans la limite de leurs moyens, la toilette de la plage, car le voisinage de ce village de près de dix mille nègres y accumule tous les jours toutes sortes d'immondices, et, alors que le soir on viendrait avec plaisir se laisser bercer par cette voix de la mer toujours la même et jamais monotone, on est chassé par des odeurs infectes, et ce n'est qu'avec mille précautions que la nuit on peut y hasarder ses pas.

Quand le crépuscule commence à tomber, vers sept heures du soir, nous regagnons les quais, le long desquels se balancent doucement les embarcations qui nous attendent et où nos laptots noirs échangent, pour passer le temps, leurs plaisanteries les plus bruyantes.

A cette heure-là, sur le quai, le spectacle est toujours le même : on voit déboucher de toutes les rues voisines des négresses de tous les âges. C'est une heure et un point de réunion pour les plus jeunes, qui s'y racontent les cancans du jour : on y rit, on s'y poursuit, on s'y querelle, et de petits groupes se forment, où l'on échange des confidences.

Jeunes et vieilles, grandes et petites, toutes portent une manière d'urne, à forme allongée, évasée à l'ouverture, dont le simple aspect dénote le contenu; elles s'avancent, d'abord gravement, la supportant sur la tête et la soutenant du bras, qu'elles arrondissent gracieusement au-dessus de leur tête, à la mode antique : il y a de toutes petites négrillonnes qui portent légèrement, et comme en se jouant, des urnes légères, tandis que d'autres, sous le fardeau d'urnes trop lourdes, ploient leurs petites jambes chancelantes; des vieilles, horriblement ridées, passent en marmottant des mots inintelligibles pendant que dans les groupes les autres bavardent comme des pies, assises sans façon sur les dites urnes, dont le caractère n'est rien moins qu'antique.

Chacune, à son tour, s'est avancée tout au bord du quai, et, dans un mouvement plein de grâce, inclinant doucement le vase mystérieux, telle Rebecca à Éliézer, elle en verse le contenu dans l'eau limpide du fleuve.

DÉFILÉ DES SÉNÉGALAIS.

O vous qui passez, hâtez-vous et bouchez-vous le nez!
Or, nous passions tous les soirs.

III

4 novembre. — Il y a quinze jours, nous partions de Saint-Louis pour Kayes dans le haut fleuve.

A huit heures du matin, quarante artilleurs, cent tirailleurs noirs et cinquante femmes arrivent à bord ; c'est le contingent que nous devons transporter et qui fait partie de la colonne qui va opérer dans le Soudan.

Pourquoi ces cinquante représentants du beau sexe noir à bord ?

C'est que le tirailleur aime la vie de famille et traîne sa smala avec lui.

Un peu de bousculade et de bruit au commencement ; puis tout se calme ; les femmes ont étalé leurs nattes et se sont accroupies ; à côté d'elles, elles ont déposé un tas de petits paquets qui contiennent les vêtements, quelques calebasses pour le couscouss et... l'inévitable vase qui fait partie intégrante du mobilier et ne les quitte pas.

Toutes ces pauvres femmes sont laides à faire peur, avec un air las et résigné de bêtes de somme.

Le fleuve a débordé partout, et, par endroits, les rives ont entièrement disparu ; c'est une immense nappe d'eau qui s'étend au loin à l'horizon. Dans de grandes plaines verdoyantes, on voit avec surprise flotter quelques pirogues ; tout est inondé, et ce n'est plus que le sommet des hautes herbes qui sort de l'eau.

Le Sénégal ne ressemble plus en rien au fleuve que j'ai vu au mois de juillet. Les caïmans, ne trouvant plus de berge pour se chauffer au soleil, sont devenus rares ; en revanche, des bandes de canards, d'aigrettes, de pélicans, sont arrivées ; des bandes, comme je n'en ai jamais vu, comme on peut à peine se le figurer, des milliers et des milliers.

Un immense espace de marais nous paraît entièrement blanc : on envoie un coup de feu, et on voit s'élever un nuage de centaines de pélicans dont les longs becs claquent avec un bruit strident.

Le soir, au coucher du soleil, le ciel est sillonné de tous côtés par des vols innombrables de canards de toutes les tailles et de toutes les espèces, et tout en haut passent rapidement de grandes oies sauvages.

Et des marais, toujours des marais ! Le bateau navigue là où, au mois de juin, il y avait une berge de quatre ou cinq mètres ; il y a des arbres dont on ne voit plus que la tête. Et il monte, vers le soir, des bouffées d'odeurs infectes d'herbes pourries, des bouffées glacées dans un air chaud et humide, puant la fièvre et donnant le frisson.

Sur la rive droite, où j'avais vu des campements maures et des caravanes, rien que les canards et les pélicans ; et en face, les postes et les villages sont transformés en îles ; beaucoup de villages sont même envahis par les eaux et ont été abandonnés.

A la baisse des eaux, les habitants reviendront, et, à mesure que le fleuve se retirera, dans le sol détrempé et couvert de limon, sans qu'il soit presque besoin de labourer, le nègre ensemencera ses champs de gros mil et de maïs.

Nous passons ainsi devant Dagana et Podor. Les arbres magnifiques qui longent la berge devant ces deux grands villages ont les pieds dans l'eau, qui est montée de près de dix mètres; tous les ans, le courant ronge un peu la rive, et bientôt les arbres seront, par un fort courant, abattus et entraînés dans le fleuve.

A partir de Matam, il y a un changement notable dans l'aspect du pays; nous entrons au pays de Galam.

Le fleuve est rentré dans son lit, les pluies ont cessé, et le haut Sénégal commence à se vider.

De plus, au lieu de ces immenses plaines à peine dissimulées derrière un léger rideau de bois et de broussailles, le sol se relève avec de longues ondulations, et, à l'horizon, courent de hautes collines aux flancs taillés à pic qui prennent, dans le mirage du matin, l'aspect de hautes murailles de villages fortifiés.

La terre est plus cultivée, on y voit de grands champs de mil et de maïs.

Dans quelques-uns, nous avons vu, du bord, se répéter, à plusieurs reprises, la même scène comique :

Un ou deux nègres, nonchalamment étendus, gardent la récolte future contre les voleurs de toutes sortes, hommes, sangliers et singes.

Mais avec ces derniers, ils ont affaire à forte partie. Nous voyons souvent sur ces hautes termitières, qui atteignent deux mètres de hauteur, un singe en sentinelle; il surveille les deux gardiens et ne perd pas un de leurs mouvements, se dissimulant lui-même avec soin; et autour de lui toute une bande pille et saccage silencieusement, jusqu'à ce qu'une alerte quelconque fasse prendre au singe de garde ses jambes à son cou, tandis que toute la bande s'enfuit à sa suite.

Quant aux deux nègres, dans une quiétude parfaite, ils poursuivaient tranquillement leurs rêves.

L'aspect du pays est aussi plus agréable; il y a plus de verdure, plus d'arbres; de gigantesques baobabs étendent leurs bras noueux, et de nombreux dattiers étalent leur éventail. Les toitures de paille disparaissent sous les larges feuilles vertes des courges et des concombres sauvages.

Les villages deviennent plus gais et plus riants, malgré l'air rébarbatif de place forte en carton que leur donne leur enceinte de murs en terre battue, au-dessus de laquelle montent les toits pointus des cases.

Partout, sur notre passage, les habitants se pressent sur la rive pour nous saluer de leurs cris; les enfants se jettent à l'eau, et des conversations s'engagent entre les riverains et nos laptots, presque tous recrutés dans cette région du Sénégal.

Nous arrivons à Bakel, le point de traite le plus important du Sénégal. Le fort se dresse sur un amoncellement de roches, tout au bord de l'eau, dominant le grand village qui s'est rangé à ses pieds, sous sa protection.

Nous ne sommes plus qu'à vingt-quatre heures de Kayes.

Mais voilà qu'à dix heures du soir, en plein fleuve, la femme d'un tirailleur s'avise de mourir. On appelle le mari et on lui dit qu'il faut procéder aux cérémonies en usage chez lui et que lui dicte sa religion. « Que faut-il faire? »

Notre homme se gratte la tête, d'un air perplexe, et, haussant les épaules : « L'enterrer! »

Nous avions mouillé au milieu du fleuve; la nuit, complètement noire, nous avait empêchés d'avancer.

Les femmes lavent la figure de la morte, et, comme elles vont envelopper le corps dans la natte sur laquelle il repose, le tirailleur, qui s'est tenu là, debout, d'un air ahuri, plus ennuyé qu'attristé, se penche sur le cadavre, lui retire assez brutalement les bagues qu'il a aux doigts, et, comme une boucle d'oreille résiste un peu, il l'arrache en déchirant l'oreille.

Des fanaux dans un canot, des pelles, des pioches; six hommes embarquent avec le corps. L'embarcation pousse dans la nuit; la maigre lueur des fanaux qui se balancent se promène sur le cadavre allongé dans son suaire et sur le noir visage des rameurs.

Sur la berge, on creuse rapidement un trou, et la pauvre bête de somme repose éternellement, si les hyènes et les chacals ne sont pas venus, cette nuit même, troubler son dernier sommeil.

Dans le groupe des femmes, que cet incident a réveillées, on rit aux éclats.

Le lendemain, nous étions à Kayes, la tête de notre empire du Soudan.

15 novembre. — En ce moment, pour une raison ou pour une autre, le recrutement des tirailleurs se fait d'une façon insuffisante, et, comme on en a absolument besoin, le gouvernement fait acheter une centaine d'esclaves dans le haut fleuve.

On les paye, si je ne me trompe, de trois à six cents francs au propriétaire, et, en échange de la liberté que l'esclave trouve en mettant le pied sur le territoire français, on lui fait contracter un engagement de sept années dans les régiments de tirailleurs.

La chose, en somme, n'a rien qui puisse faire crier nos bons philanthropes et philosophes en chambre, et, si aujourd'hui l'esclave ainsi trafiqué n'y voit guère qu'un changement de maître, il ne tardera pas à comprendre combien sa situation s'est transformée à son avantage, et ses nouveaux compagnons sauront vite lui expliquer la notion de ses droits.

Nous en descendons une douzaine à Saint-Louis.

Jamais, non, jamais de ma vie, je n'ai vu, et probablement ne verrai, d'êtres arrivés, à un tel degré d'émaciation et d'inanition.

LES QUAIS DE SAINT-LOUIS PENDANT LES RÉGATES.

Leur peau, collée aux os et quelque peu endommagée par les coups de trique de leurs propriétaires, leur incroyable maigreur, font encore ressortir les saillies osseuses de leur visage simiesque abruti.

Ils sont là, immobiles sur le pont, étendus tout de leur long ou le dos aux bastingages, l'œil vague, le regard en dedans, avec cet air las et tristement pensif de la bête de somme surmenée et rouée de coups.

Ils ne remuent qu'à l'heure du repas; alors il n'y a plus rien d'humain chez eux. Ils sont quatre par plat, mais il a fallu à chaque plat mettre un laptot pour les surveiller; ils se jettent sur la viande, l'œil brillant, la mâchoire en avant, comme des chiens affamés, avec de sourds grognements; ils se disputent et se battent pour un os, on ne peut les séparer qu'en les frappant, et ils puisent à poignées le riz dans l'écuelle en se hâtant, avec de fauves regards obliques à leur voisin. Il y a chez eux une telle expression de souffrances physiques subies et de féroces convoitises inassouvies qu'on ne peut maîtriser un sentiment d'horreur et de dégoût mêlé d'une immense pitié.

STATUE DU GÉNÉRAL FAIDHERBE.

Deux seulement, l'un à côté de l'autre, restent inertes, l'œil vitreux, indifférents à tout, même aux plats de viande qui passent devant eux, et tout leur corps s'abandonne comme las d'une lassitude indicible. Ils meurent de faim; je leur ai fait donner du lait, qu'ils boivent machinalement et que leur estomac supporte à peine. Ils se sont éteints peu à peu, mourant de faim, de fatigue, les grands yeux fixes et ouverts sur je ne sais quelle vision d'au delà.

Quelques-uns ont raconté à nos laptots que, depuis huit jours, ils marchaient, sous les coups de matraque du maître, avec quelques poignées de son délayées dans de l'eau pour toute nourriture.

***

26 février. — Au mouillage de Saint-Louis.

Généralement, les fleuves se jettent à la mer par des embouchures, et même de belles embouchures, quand ce sont des fleuves de longueur et de largeur aussi respectables que le Sénégal.

Or, depuis un mois, le fleuve nous a joué cette farce désagréable de se supprimer son embouchure.

Le Sénégal, né malin, s'est un beau jour bouché, ensablé, fermé, et aucun navire, depuis un mois, ne peut entrer ni sortir.

Tous les jours, on sonde et on resonde, le résultat ne varie pas.

VUE GÉNÉRALE DE SAINT-LOUIS.

Nous avons bien le chemin de fer de Saint-Louis à Dakar, mais tout n'arrive pas par là, et les traitants, perplexes, tous les matins, se demandent : « Le fleuve est-il débouché? la barre est-elle praticable? »

Non seulement le Sénégal ne se débouche pas, mais il paraît vouloir se creuser une sortie dans un ancien lit près de Saint-Louis : la chose peut durer longtemps.

Le commerce est complètement arrêté, et cette petite facétie pourrait bien coûter près d'un millon aux négociants de Saint-Louis, si peu qu'elle se prolonge encore.

Là est une des causes de la décadence prochaine de Saint-Louis, en tant que port de mer, au profit de Dakar. Mais il restera l'entrepôt de tout le commerce du fleuve et d'une grande partie du commerce du Soudan, part assez belle, surtout le jour où nous commencerons à tirer un peu profit de notre situation au Niger.

***

13 avril. — C'était, ces deux jours précédents, la grande fête de l'année.

Dans les rues de la ville noire de Guett'N'Dar circule une foule bruyante d'hommes et de femmes revêtus de leurs plus beaux vêtements en soie ou en étoffe fine. On a sorti des malles tous les bijoux d'argent ou d'or jaune de Galam; des enfilades de gris-gris pendent au cou, sur la poitrine et aux flancs des promeneurs, et les femmes vont parées comme des châsses.

Avec leurs mouchoirs en soie de couleur claire enroulés autour de la tête, leurs cheveux courts tombant en une multitude de tresses luisantes d'huile parfumée chez les femmes yolofs, ou relevés en casque agrémenté de pendeloques chez les femmes kassonkaises; avec leurs robes et leurs grandes écharpes en soie bleue, verte, rouge, blanche, leurs trois ou quatre colliers d'or, leurs oreilles garnies chacune de cinq ou six pendants en or, leurs bracelets d'or, d'argent, de cuivre ou d'ébène incrusté, leurs chevilles chargées de lourds anneaux d'argent, elles vont par petits groupes, riant, sautant, parlant fort de leur voix aigre, comme grisées par le mouvement et le bruit. Dans un large rire, leurs dents blanches font paraître leurs faces luisantes encore plus noires.

Beaucoup portent à califourchon sur le dos un marmot qui dort tranquillement, et dont la tête ballotte à tous les mouvements, ou qui regarde d'un air curieux en battant de ses petits poings fermés les flancs de sa mère.

Les hommes partagent l'enthousiasme du beau sexe noir : ils ont mis les beaux « boubous » aux couleurs les plus variées; les gommeux vont munis d'une canne, le nez en l'air; les farouches battent leurs flancs d'un formidable sabre, et tous se hâtent, allongeant leurs grandes jambes maigres, traînant leurs sandales ou promenant de superbes bottes molles en cuir jaune ou rouge.

Et, au milieu de tout cela, des courses folles de petits négrillons plus ou moins nus et au nez plus ou moins morveux.

Guett'N'Dar est construit sur le sable, tout sur le bord de la mer; ses innombrables cases aux toits de paille en pain de sucre bordent de longues rues qui s'allongent plantées de quelques maigres palmiers tout jaunes, et sous le soleil monte un nuage épais de poussière.

Sous cette intense lumière, c'est un chatoiement de couleurs éclatantes.

Deux hommes accroupis sur le sable s'escriment sur un balafon :

TYPES SÉNÉGALAIS.

des morceaux de bois dur de différente longueur sont liés les uns à côté des autres, et au-dessous sont fixées des moitiés de calebasses plus ou moins larges et profondes qui servent de résonnateurs.

Les musiciens frappent les touches de ce piano d'un nouveau genre en chantant un air nègre, ce qui est tout dire, tandis que devant eux une femme, un mouchoir à la main, fait vis-à-vis dans une danse non moins nègre à un homme qui, armé d'un grand sabre, se livre à une pantomime expressive : Mars subjugué par Vénus.

Je regarde, porté par les mouvements de la foule, au premier rang du cercle; pour mieux voir, une Mauresque crasseuse se penche, une main sur mon épaule, enveloppée jusqu'aux yeux dans un grand morceau de cotonnade jadis bleue qui a déteint sur ce que je vois de sa peau presque blanche.

L'étoffe s'applique sur un profil fin et régulier, et deux grands yeux, allongés par une mince couche de kohl, s'ouvrent profonds avec une expression troublante sous de longs sourcils noircis. Un vieux nègre à poils blancs, au visage paterne, qui, depuis un instant, s'intéresse à mes pas, veut à tout prix me servir de cicerone. Une négresse penche sa face noire au-dessus de mon épaule, tandis que le marmot qu'elle porte derrière elle s'amuse à bourrer de coups de pied le dos du « toubah » (blanc).

Mais une poussée se fait dans la foule; on se range vivement sur les côtés de la rue, des nègres dégagent le passage à grande volée de bâtons, n'épargnant qu'à demi les coups aux récalcitrants. Voici qu'un petit négrillon tombe, le nez dans le sable; une femme qui se hâte culbute par-dessus, et en une minute il y a là une douzaine de gens qui grouillent en tas par terre : un tas d'étoffes aux tons clairs, émaillés de jambes, de têtes, de bras.

On rit, on crie, on se relève, on se secoue, et le négrillon, cause de tout le mal, se sauve en braillant, le visage barbouillé de poussière, mais le nez dûment mouché.

Les coups de fusil éclatent de tous côtés, et chaque groupe se retire comme il était venu, dansant, chantant et claquant des mains.

***

20 juin. — Il y a à peu près un an et demi que nous avons monté à Kayes, à destination du Soudan, une compagnie d'infanterie de marine et un détachement d'artillerie de marine.

Nous venons maintenant de chercher à Bakel une partie de la colonne qui descend et qui rentre en France, et, par une coïncidence heureuse, ceux que nous avons à bord, au nombre de cent dix, sont précisément ceux que nous avons conduits il y a un an.

Hélas! quelle différence entre la troupe d'hommes joyeux et bien portants que nous montions alors et les malheureux soldats d'aujourd'hui, hâves, pâles, minés par les fièvres, épuisés physiquement et moralement par un climat épouvantable!

Ce ne sont pas cent dix hommes que nous avons à bord, ce sont cent dix malades, et encore, nombreux, trop nombreux sont ceux qui manquent à l'appel et que les balles des nègres et surtout les fièvres et la dysenterie ont couchés sur ce sol maudit de l'Afrique.

Des dix ou douze officiers que nous avions, il y a un an, à notre table du carré, quatre ne sont pas revenus; un autre, un capitaine de la ligne, qui avait permuté pour venir dans la marine, est là, sur le pont; gros, ventru, sanguin, gai et bon enfant, il était il y a un an; aujourd'hui, il est assis, immobile, dans une chaise, à demi paralysé, bégayant des mots qu'on ne comprend pas, blême et épuisé par la dysenterie : l'intelligence a sombré sous l'ardent soleil d'Afrique; tous les autres sont plus ou moins touchés par les fièvres, la santé ruinée pour de longs mois.

J'ai remarqué, d'ailleurs, que ceux-là étaient le plus éprouvés par le climat, qui, comme le capitaine, quittaient à un âge relativement avancé le service des garnisons de France pour venir aux colonies; ce sont les officiers entraînés par de précédents séjours dans les pays chauds qui résistent le mieux.

Quant à mes petits soldats d'infanterie de marine que le paquebot de France avait débarqués à Dakar et qui, dix jours après, étaient dans le haut fleuve, ils sont aujourd'hui presque tous sur les cadres.

Quand aurons-nous une armée coloniale et cesserons-nous d'envoyer mourir aux colonies des enfants de vingt à vingt-deux ans ?

J'en ai deux, surtout, deux tout jeunes soldats que la dysenterie mine et qui sont couchés côte à côte. L'un est un artilleur de vingt-deux à vingt-trois ans, un grand garçon qui devait être d'une rare vigueur; il est étendu, morne, immobile, des heures entières, sans faire d'autre mouvement que de prendre machinalement la tasse de lait qu'on lui remplit de temps en temps; il répond à peine aux questions, et, le regard fixé obstinément vers un point toujours le même, il semble rêver à quelque paysage connu ou évoquer quelque vision chère.

L'autre est un de ces petits soldats français de vingt ans, paysan imberbe aux joues roses que le hasard d'un recrutement bien défectueux a jeté aux colonies sans qu'il y comprenne rien et sans préparation.

Il a, dans son cadre, une tête d'adolescent, amaigrie et jaune; il agite sans cesse ses bras maigres, marmotte de vagues paroles d'enfant dans un demi-délire, et ses regards inquiets cherchent de tous côtés... sa mère, peut-être.

Et, en arrivant devant Saldé, le grand artilleur est mort; il est mort sans une plainte, sans un geste, comme on s'endort, couché sur le côté, un bras replié sous sa tête, une main tenant encore sa tasse de lait, et ses grands yeux, maintenant vitreux et fixes pour toujours, regardent encore vers le même point de la cloison du bord, mais bien au delà, bien loin, on ne sait pas où.

Nous mouillons devant le poste français de Saldé; on enveloppe le pauvre corps amaigri dans les plis du pavillon tricolore, et on porte le cercueil, qui ne pèse guère, dans le petit cimetière français, comme il y en a tant le long du fleuve, sous les grands acacias épineux où les tourterelles s'ébattent par centaines, et il repose à côté d'autres, venus aussi mourir loin des leurs sous ce climat meurtrier. Au moins, lui, saura-t-on où est sa tombe, que les mains amies d'autres soldats comme lui entretiendront pieusement.

Mais quelque soin qu'on ait pris, son voisin s'est aperçu de la mort de son camarade; et, dans sa terreur, son délire a grandi; il ouvre démesurément ses yeux égarés; une teinte rose de fièvre monte à ses pommettes saillantes; il a saisi sa bouteille pleine de lait, et il se met, le pauvre petit soldat paysan de France, à chanter, d'une voix d'outre-tombe qui fait tressaillir, une gaie chanson d'amour et de vin; et des lueurs étranges passent dans ses regards, jusqu'à ce qu'épuisé par l'effort, sa tête retombe sur l'oreiller, exsangue, et ruisselante d'une sueur froide et visqueuse.

Du bord, on l'a porté à l'hôpital de Saint-Louis, et hier, en me promenant, j'ai vu venir, les vêtements flottant sur un corps amaigri, un petit soldat imberbe d'infanterie de marine traînant un peu la jambe et encore bien pâle, mais gai et souriant, avec ce sourire épanoui des convalescents que la mort a effleurés; et, comme il m'a reconnu, il est venu, un peu timide, au devant de moi; et me tendant la main dans un mouvement spontané : « Je pars pour la France; merci, monsieur le major. »

Et tandis qu'il s'éloigne avec la vision joyeuse et prochaine du pays natal retrouvé, je pense à l'autre, à celui qui dort là-bas, sous les acacias de Saldé.

Paul CLAVERIE.

FEMME DE MÉDINE.

www.ingramcontent.com/pod-product-compliance
Ingram Content Group UK Ltd.
Pitfield, Milton Keynes, MK11 3LW, UK
UKHW012124240726
13965UKWH00005B/1953